51
Lb 2696
A.

AF226355

AUX

ÉLECTEURS.

***

PRIX : 50 CENTIMES.

***

PARIS.

BOHAIRE, LIBRAIRE, BOULEVART ITALIEN, 10;

DELAUNAY, LIBRAIRE, AU PALAIS-ROYAL.

—

1837.

IMPRIMERIE DE Mme DE LACOMBE,
faubourg Poissonnière, 1.

AUX ÉLECTEURS.

Ce que vont faire les électeurs est très sérieux ; jamais leur position n'a été mieux dessinée, jamais ils n'ont été mieux livrés à leur libre arbitre, et jamais la politique du pays n'a plus dépendu de leur décision. Dépositaires de la souveraineté de la nation, c'est vraiment aujourd'hui un arrêt souverain qu'ils vont rendre.

Qu'ils y songent donc, et qu'ils soient surtout gravement préoccupés de la responsabilité qui pèse sur eux. Trente-trois millions de citoyens leur remettent la garde de leurs droits, à eux qui ne sont que cent quatre-vingt mille ! Cette fiction constitutionnelle, à laquelle on ne conteste pas l'avantage de donner à l'ordre de solides garanties et de simplifier les rouages représentatifs, cette fiction ne serait qu'une duperie, s'il arrivait que le corps électoral ne fût pas l'expression fidèle des sentimens

du pays. Le premier soin des électeurs doit donc être d'é-
tudier le pays, de se pénétrer de sa pensée, et de la rendre fidèlement dans les choix qu'ils sont appelés à faire.

Pour que rien ne leur échappe de l'importante mission
qui leur est confiée et des devoirs qui s'y rattachent, on
va dire ici ce qu'a été le passé, ce qu'est le présent, ce que
doit être l'avenir. La politique vit à-la-fois de souvenirs et
de prévisions, et c'est au peuple surtout que doit profiter
la leçon des faits accomplis : car il paie, lui, tous les frais
des expériences.

Il s'est fait, en 1830, une immense révolution : ceux qui
ne veulent voir dans le fait de Juillet qu'un changement
de personnes, que la branche cadette des Bourbons au
lieu de la branche aînée, que Louis-Philippe au lieu de
Charles X ; ceux qui estiment qu'entre la Charte de 1814
et la Charte de 1830 il n'y a que la différence d'un arti-
cle 14 ; ceux-là s'abusent étrangement, ou plutôt ils fei-
gnent une erreur qu'ils entendent exploiter au profit de
leur détestable politique. Il faut appeler les choses par
leur nom, et donner aux événemens leur sens vrai : la révolution de Juillet a été une révolution de *principes* ; elle
a substitué au principe absolutiste le principe de la souveraineté de la nation. Elle a institué une monarchie
nouvelle, qui prend son origine dans l'assentiment popu-
laire, et non dans l'institution divine. Elle a brisé tout un
vieux passé qui avait eu ses temps de grandeur et de
gloire, mais qui désormais n'était plus qu'un obstacle aux
progrès de la civilisation humaine. Elle a fait table rase de

toutes les vieilleries que la restauration avait essayé de ressusciter, et complété ainsi le grand travail de la glorieuse révolution de 89, dont elle a donné le dernier mot à la France.

Telle a été l'œuvre de la révolution de Juillet : à une monarchie tempérée par des institutions représentatives, elle a substitué des institutions représentatives tempérées par une monarchie ; elle a replacé la souveraineté là où elle doit être, dans la nation, et proclamé le gouvernement du pays par le pays.

Qu'a-t-on fait cependant? On n'entend pas ici récriminer, ni surtout réveiller des débats qui, grâce au ciel, sont assoupis. Mais voici ce qui est arrivé :

A la suite d'une révolution dans les personnes et dans les choses, il y a toujours de nombreux intérêts lésés, des sympathies froissées, des ambitions déçues. Il y a des gens qui veulent encore ce que la révolution renverse, il y en a d'autres qui veulent plus qu'elle ne donne. En deçà de la révolution de Juillet, il y avait la légitimité ; au-delà, il y avait la république. La légitimité et la république ont conspiré contre l'ordre établi. Divisées ou réunies, elles sont descendues en armes sur la place publique, et ont offert le combat aux pouvoirs qu'elles n'entendaient pas subir. L'épreuve ne pouvait pas être douteuse ; quels que fussent ses griefs contre les hommes du gouvernement, le pays tout entier voulait le maintien et le développement de ses institutions. Il a manifesté hautement sa volonté, et les téméraires entreprises des partis ont été déjouées, et c'est à peine s'il est resté à quelques fanatiques isolés l'arme abominable de l'assassinat.

Mais, au milieu de ces agitations passagères, la frayeur avait pénétré dans certaines âmes, et les hommes du pouvoir ont tout mis en œuvre pour l'exploiter à leur profit. Tant que le pays a été en présence des factions, il s'est peu ému des restrictions imposées à ses libertés : et cependant, dès cette époque, des voix généreuses se sont fait entendre, qui protestaient, non pas en faveur de détestables rébellions, mais pour le maintien des droits imprescriptibles des citoyens. Peu écoutées d'abord, écrasées par la majorité parlementaire, ces opinions ont cependant fini par trouver un écho dans le pays, alors qu'on a vu que la contre-révolution relevait la tête, et que ce qu'elle appelait un système de résistance contre l'anarchie devenait un système de compression et d'étouffement.

On ne veut pas ici résumer tout le passé et méconnaître la grande loi des faits accomplis. De tout ce qui s'est fait par la législature dans ces derniers temps, une part fut utile, c'est celle qui fit face aux circonstances; une autre part serait nuisible, c'est celle qui, le danger passé, le pays rentré dans son état normal, demeurerait comme une menace contre les libertés et les droits des citoyens. Il appartient peut-être à une Chambre nouvelle de restituer, sur ce point, leur vérité aux principes constitutionnels; il appartient tout au moins au pouvoir de laisser reposer et en quelque sorte rouiller des armes dont il ne pourrait se servir lui-même qu'à ses risques et périls.

On n'a abordé cette discussion que pour prouver un fait irrécusable, que l'opposition de gauche, en combattant les lois d'association, de septembre, et toutes les mesures restrictives et exceptionnelles, n'a fait preuve que d'un sage esprit de prévision et de jaloux patriotisme. L'opposition avait l'œil sur l'avenir, tandis que les hommes du centre, à courtes vues, ne se préoccupaient que du présent, tandis que les hypocrites ennemis de la révolution de Juillet, les doctrinaires, entichés d'un passé qui est leur passé, ne songeaient qu'à restituer à la France les beaux jours de la restauration.

Depuis l'époque qu'on vient de rappeler, il s'est fait dans la politique un notable changement. Les doctrinaires ont été écartés du pouvoir et l'amnistie a été donnée. Ce sont deux faits graves, et qui semblaient devoir être les précurseurs d'une ère nouvelle. Voyons cependant ce qui a eu lieu : L'amnistie n'a pas été complétée, et dans l'exécution de la mesure imparfaite qu'il avait adoptée, le ministère du 15 avril a apporté une rigueur, une âpreté de formes, peu propres à concilier au gouvernement de Juillet des hommes qui lui avaient déclaré une guerre insensée. Les doctrinaires étaient hors du pouvoir, et cependant il n'est genre de faveur qu'on ne se soit empressé d'accorder aux adeptes de la doctrine, et on vient de voir quelle large part leur est faite dans la distribution des honneurs de la pairie. Toute la politique du cabinet nouveau consiste à n'en pas avoir, et quand la lutte s'est établie à la Chambre

BIBLIOTHÈQUE NATIONALE R.F.

entre les hommes de la révolution et les hommes de la restauration, entre M. Barrot et M. Guizot, c'était, comme on l'a dit avec esprit, un combat par dessus la tête.

On n'a pas parlé dans ce qui précède de la politique extérieure, et c'est tout simple, cette politique est aujourd'hui ce qu'elle était hier : sauf une louable tentative du cabinet du 22 février, tentative qui a entraîné sa retraite, nos hommes d'état vivent depuis 1830 sur les mêmes erremens, et si le 15 avril a amnistié quelque chose, ce n'est pas, à coup sûr, la dignité nationale. Notre attitude vis à vis de l'étranger n'est pas, il faut le dire hautement, ce qu'elle devrait être : on demande trop à l'intrigue ce qu'on ne devrait demander qu'à une énergique franchise; on se montre trop disposé à tout céder, par amour de la paix, sans paraître comprendre qu'on ouvre ainsi la voie aux plus injurieuses exigences, et qu'on n'a une paix solide que lorsqu'on a bien donné de soi l'opinion qu'on ne craint pas la guerre.

L'Espagne est déchirée par la plus cruelle des guerres civiles : nous avons un traité avec l'Espagne, qu'en avons-nous fait? c'était cependant une œuvre habile, intelligente, que ce traité de la quadruple alliance; c'était l'union en faisceau de l'Europe constitutionnelle contre l'Europe absolutiste. Eh! bien, en Espagne, les deux principes sont en lutte : don Carlos, l'homme des moines et du pouvoir absolu, est appuyé, soudoyé par tous les représentans de l'absolutisme : Christine, la reine régente, Isabelle, la reine constitutionnelle, ont pour alliées la France et l'Angleterre : l'Angleterre a loyalement rempli sa mission, mais la France qu'a-t-elle fait? Il faut être avare, on ne le nie pas, de l'or et du sang des citoyens, mais une intervention n'était même pas nécessaire, et l'on ne peut comprendre par quel vertige les mesures efficaces qu'avait adoptées le ministère du 22 février, et qui consistaient seulement en l'envoi d'un corps auxiliaire, ont été si obstinément repoussées par la politique dont le ministère actuel a accepté la responsabilité. Cela ne peut se comprendre : non que nous admettions qu'il faille toujours céder à l'entraînement de certaines sympathies qui s'attachent aux causes généreuses : nous connaissons trop notre époque toute positive et un peu égoïste, pour lui demander cette sorte de don Quichottisme politique ; mais l'intérêt de la France n'exigeait-il pas impérieusement qu'on eût promptement raison de don Carlos ? Ne sait-on pas qu'il y a parmi nous un parti dont toutes les espérances se rattachent au prétendant qu'il proclame le précurseur d'Henri V ? Don Carlos à Madrid, c'était le drapeau blanc sur les Pyrénées, c'était une étincelle incendiaire jetée sur nos populations si inflammables du Midi, c'était la guerre civile dans la Vendée. Don Carlos détruit, c'était l'anéantissement du parti légitimiste en France, qui ne vit plus que sur l'espoir qu'entretiennent chez lui les emphatiques bulletins du prétendant, et qui fait reverdir à son usage les lauriers d'Hernani pour faire suite aux lauriers un peu fanés du Trocadéro. Pauvre parti, qui n'a dans ses éphémérides de jours rayonnans que ceux où la liberté se couvre d'un voile, et qui depuis cinquante ans se bat en désespéré contre les idées, comme si on tuait les idées !

Pour revenir à la question d'Espagne, c'est donc une faute grave, une atteinte portée non pas seulement aux sympathies de la France, mais à ses intérêts les plus chers, aux intérêts de paix, d'ordre, de consolidation des institutions et de la dynastie, que de n'avoir pas prêté à la cause constitutionnelle une efficace assistance. Le ministère qui a accepté ce système couard d'inerte neutralité est responsable aux yeux de la nation des funestes conséquences qu'il peut entraîner, et la Chambre qui l'a soutenu dans cette mauvaise politique est digne du blâme énergique des citoyens qui l'ont élue et qui vont la juger. Aussi bien, ce n'est pas, il faut le reconnaître, un fait isolé que ce grief relatif à l'Espagne. Tout s'enchaîne merveilleusement dans notre diplomatie, et partout on retrouve le désir le moins contenu de se faire bien venir de la grande famille absolutiste qui trône sur le continent européen. Faut-il rappeler comme récente preuve un fait qui date d'hier, la proscription de cette illustre victime de la tyrannie autrichienne, de ce comte Confalonieri qui, au bout d'une carrière de douleur, **a dû voir sa** dernière illusion détruite, quand le gouvernement **de la France**, ce pays de liberté que l'esclave italien, toujours frémissant, invoque sous ses chaînes, s'est fait contre lui le gendarme de M. de Metternich?

Pour résumer la situation présente, nous dirons qu'à l'extérieur la politique est demeurée de tous points la même, c'est-à-dire hypocrite et peureuse, peu sûre aux amis de la France et sans dignité vis-à-vis de ses ennemis naturels. A l'intérieur, l'amnistie a donné le signal d'un nouveau système, mais le nouveau système n'est pas venu, en sorte que le ministère, composé d'hommes bien intentionnés, sans doute, mais manquant tout-à-la-fois de cette initiative qui crée un plan et de cette énergie qui l'exécute, est à la discrétion de tout le monde.

En cet état de choses, s'étonnera-t-on s'il y a encore une opposition, et accusera-t-on les hommes consciencieux qui se rangent sous sa bannière de faire au pouvoir une guerre systématique?

Oui, certes, elle est juste et légitime, cette lutte entreprise, pour le triomphe de nos libertés, pour le maintien de notre dignité nationale, saintes garanties sans lesquelles tous les intérêts périclitent! S'il s'est fait des fautes dans cette longue suite d'engagemens (et qui ne fait pas des fautes!) au moins rendra-t-on à l'opposition cette éclatante justice que l'honneur et le bien-être du pays l'ont seuls préoccupée et qu'elle a poursuivi sa tâche avec un désintéressement admirable. C'est quelque chose que cet éloge, en un temps comme le nôtre, où les principes ne sont pour tant de gens qu'un échelon qu'on brise dès qu'on arrive.

Nous avons vu ce qu'avait été le passé, ce qu'était le présent; voyons ce que doit être l'avenir. Là est toute la question électorale.

Nous n'avons plus d'émeutes, la France est puissante et paisible. Au dehors nul n'oserait l'attaquer; décidée qu'elle est à respecter ce qui est, à contenir son énergique propagande, nul n'y sera contraint. Une politique de faiblesse et de lâcheté pourrait seule donner à l'étranger prise con-

tre nous. Notre diplomatie n'a eu que trop cette tendance:
il faut qu'elle rentre dans les erremens nationaux. Nous
n'avons ni concessions ni galanteries à faire aux despotes
européens; mais il faut que nos relations s'établissent avec
eux sur un pied d'égalité parfaite. Chacun son droit, chacun
chez soi : cet axiôme, invoqué si souvent par l'ancien président de la Chambre, doit recevoir sa pleine application.
Qu'il ne soit plus permis à des ministres français d'expul-
ser de notre terre hospitalière, sur les injonctions de M. de
Metternich, un proscrit illustre par son dévouement, et
que ses malheurs ont rendu sacré ! Non ! que de telles im-
piétés ne soient plus tolérées, alors que nous permettons
sans difficulté à l'Autriche d'entourer de ses hommages nos
bannis de race royale et que nous laissons M. de Metternich promener dans sa voiture le messie des légitimistes.

Agissons, vis-à-vis de l'Espagne, comme l'exigent nos
intérêts et nos sympathies; ce qui aurait eu, en 1836, de
prompts et décisifs résultats, n'est peut-être plus à faire
aujourd'hui. Mais, de grâce, rappelons-nous sans cesse
que nous avons signé le traité de la quadruple alliance et
surtout ne souffrons jamais, ne souffrons à aucun prix que
don Carlos vienne trôner à Madrid.

Au dedans, il faut ramener la politique aux principes
de Juillet : il faut reprendre et achever l'œuvre de Juillet.
L'amnistie doit être complétée, non pas seulement comme
acte de clémence, mais comme système général de con-
ciliation et d'union des partis. On l'a dit souvent : l'amnistie
a ouvert une ère nouvelle, elle a signalé un changement
dans l'attitude du pouvoir qui a passé de la défiance à la

confiance. Il faut féconder la généreuse pensée qui a dicté la grande mesure, et en restituer à la dynastie de Juillet tous les profits. Après sept années de luttes acharnées, bien des hostilités se sont lassées, et ce qu'elles demandent pour se rallier franchement au gouvernement établi, c'est une paix honorable. Cette paix, Napoléon qui certes savait faire du pouvoir, la donna pleine et entière aux hommes et aux choses, et l'on vit s'apaiser comme par enchantement les orageuses passions qui avaient remué jusque dans leurs fondemens et successivement renversé toutes nos institutions républicaines. Imitons ce grand exemple : n'usons pas de petits moyens, ne mettons pas de mesquinerie à poursuivre des résultats immenses, amnistions tout-à-la-fois les personnes et les actes, serrons nous tous autour du trône constitutionnel et donnons à nos institutions tous les développemens qu'elles comportent.

Car il y a à faire, n'en doutons pas, même dans l'ère de paix et de repos intérieur où nous entrons ; il y a grandement à faire, et pour le Cabinet et pour la Chambre qui voudra se placer à la hauteur de sa mission. Croit-on que ce soit un mot vague, que ces principes de Juillet si souvent invoqués ? Nous ne dirons pas que tel programme ait été arrêté, tel jour, en tel lieu, comme condition de la victoire. Il y a quelque chose de plus sacré, de plus impérieusement obligatoire que ces sortes d'engagemens, c'est le programme qui a mis au peuple les armes à la main, et par lequel il a vaincu, ce programme tacite, agréé de tous, qui n'a été signé nulle part et qui est écrit dans toutes les consciences. Ce programme exige pour la Franelle un gouvernement libre, un gouvernement à bon marché.

Il faut bien comprendre tout ce qu'il y a dans ce mot de gouvernement libre. Ce n'est pas seulement la liberté politique, cette première de toutes et qui sert de sanction à toutes les autres, la liberté politique qui est tout-à-lafois la liberté de l'individu, la liberté de la presse, la liberté de la conscience : c'est aussi la liberté civile, c'est-à-dire celle qui laisse aux citoyens, grandes et ouvertes, les voies de toutes les professions, qui respecte tout ce que la loi ne défend pas, qui restreint, dans de justes limites, l'action d'une police ombrageuse, et qui complète enfin cette admirable égalité civile proclamée par nos codes. C'est la liberté du commerce et de l'industrie, sans laquelle il n'y a pour ces deux instrumens de civilisation qu'une prospérité factice, liberté qui doit être progressivement fondée, car il y a des droits acquis, des positions faites à respecter et à ménager, mais qu'il faut incessamment poursuivre, comme le plus réel des perfectionnemens sociaux. Jamais l'industrie française n'avait déployé cette puissante activité à laquelle elle est arrivée ; jamais travaux plus gigantesques n'avaient été préparés et entrepris : Donnons à ce magnifique mouvement l'impulsion de la liberté, songeons à ce qu'elle a fait aux États - Unis pour des œuvres de même nature, et efforçons-nous, nous le peuple le plus éclairé, le mieux pourvu d'enseignemens industriels et scientifiques, à ne pas rester trop en arrière de ce qu'un peuple tout nouveau a déjà accompli. Il y a en France même émulation qu'aux États-Unis pour fon-

der, par exemple, des chemins de fer ; si nous avons à
peine un hochet, quand l'Amérique a fait de si grandes
choses, c'est que nos institutions industrielles sont mau-
vaises, c'est que le génie entreprenant y manque d'air,
c'est qu'elles ne comprennent pas, elles n'admettent pas
la liberté. Cette liberté, il faut la conquérir.

Ce n'est pas le tout pour un peuple que d'être libre, et
si la liberté devient coûteuse, elle perd, dans notre époque
si positive, une bonne part de son prestige. La révolution
de Juillet nous a promis un gouvernement à bon marché,
et le pays est écrasé d'impôts. C'est là une anomalie qu'en
des temps de perturbation on a pu tolérer, et qui doit être
désormais l'objet des sérieuses investigations du pays et
de ses mandataires. Il ne faut pas qu'un grand peuple se
montre étroitement parcimonieux ; il est des dépenses qui
doivent être largement faites , et dans le nombre, nous ne
citerons que celle qu'entraîne notre établissement en Afri-
que. Nos divers ministères, si prodigues en toute occasion,
des deniers publics, n'ont fait preuve de lésinerie que lorsqu'il s'est agi de notre colonie algérienne : Peut-être au-
rait-on l'explication de leurs scrupules hors de propos si
l'on connaissait leur véritable pensée sur l'avenir de notre
possession. Mais la France, qui a pris au sérieux sa con-
quête, ne regardera pas à ce qu'elle coûte, parce qu'elle
sait qu'Alger doit rendre au centuple ce qu'on y sème ;
elle veut faire acte de bon père de famille, et préparer, par
quelques sacrifices momentanés, d'immenses ressources
pour l'avenir. Sa volonté sur ce point est si ferme, que nous

ne sachons pas qu'une volonté contraire puisse prévaloir quels que soient les engagemens qu'elle ait pris.

Mais si, sur un seul point, nous pouvons accuser les ministères qui se sont succédé, à l'exception d'un, d'avoir usé mal à propos de parcimonie, sur combien d'autres points n'avons-nous pas à adresser à toutes les administrations un reproche contraire ? Nos budgets dépassent par leur chiffre les budgets de la restauration, et cependant nous n'avons à payer ni leur liste civile de 35 millions, ni le faste coûteux des maisons militaires, ni les régimens étrangers que les rois du droit divin gardaient en réserve contre le pays. Pourquoi donc quand ces notables économies ont allégé notre budget de sommes énormes, pourquoi son chiffre s'est-il constamment accru et excède-t-il aujourd'hui un milliard ? A cela deux causes, notre établissement militaire qui dépasse les proportions que la restauration lui avait assignées, et le grand nombre de fausses dépenses, de traitemens exagérés, de sinécures qui sont encore à la charge du trésor.

Il faut que notre armée soit entretenue sur un pied respectable, mais quand tout semble devoir conjurer la guerre, pourquoi retenir sous les drapeaux trois cent mille de nos concitoyens ? n'y a-t-il pas là le double inconvénient de surcharger sans profit le budget de l'état et d'enlever à l'agriculture et à l'industrie des bras qui leur sont nécessaires ? Serait-ce par hasard dans la secrète pensée de contenir l'intérieur que l'effectif de l'armée serait conservé au chiffre qui fut jugé nécessaire lorsque toute l'Europe absolutiste semblait devoir se lever menaçante contre notre révolution ? mais alors ce serait mentir à l'amnistie qui a proclamé et commencé l'union des partis, ce serait méconnaître les faits même, qui attestent partout la pacification du pays, ce serait faire une cruelle et gratuite injure à ces gardes nationales si fidèles, si dévouées, et qui, en retour de leurs glorieux services, avaient droit de croire qu'on pouvait s'en rapporter à elles pour le maintien de l'ordre public.

Quant aux dépenses exagérées, aux sinécures, à tous les fonds de police et autres, honteuses superfétations du budget, on ne saurait trop hautement les proscrire, car non seulement elles grèvent les contribuables, mais elles portent à la moralité publique la plus cruelle atteinte. Il ne faut pas, dans un pays où l'on veut mettre le travail en honneur, qu'une prime soit accordée à l'oisiveté mendiante : il ne faut pas que le gouvernement se montre moins pourvu d'honnêteté que les particuliers, et qu'il rétribue, au poids de l'or, d'ignobles services qui le plus souvent constituent une double trahison.

Aussi bien les charges des contribuables sont écrasantes, et il ne faut pas jouer ainsi avec cet or que le fisc leur arrache. Sait-on, dans cette grande capitale où l'on ne compte que par millions, ce que coûte de privations et de sueurs à une pauvre commune, l'impôt qu'elle paie ? Les droits indirects surtout, ces droits qui pèsent sur des objets de première nécessité, sont un véritable fléau pour la population pauvre et laborieuse ; et ce serait le devoir de toute administration vraiment patriote, de consacrer ses veilles à l'étude des améliorations qui peuvent en allé-

BIBLIOTHÈQUE ROYALE

ger le poids. L'impôt du sel si fatal à notre agriculture, doit être placé en première ligne, parmi ceux qui exigent une prompte et efficace réforme. Et cela n'est pas si difficile que le disent nos hommes du fisc : il suffit de voir ce qui se passe en Angleterre pour être bien convaincu que la réduction des taxes, progressivement faite, n'altère même pas le chiffre des revenus, et que l'accroissement de la consommation vient bientôt indemniser l'état des sacrifices qu'il a consentis.

Tels sont les besoins du pays, tels sont ses vœux : dignité au dehors, liberté et économie à l'intérieur. Qui aura satisfait à ces exigences, aura bien mérité de la France et bien compris notre révolution de Juillet.

Mais le sort du pays n'est pas livré en ce moment au caprice ministériel, il ne dépend pas des faiblesses d'une Chambre : nous n'avons pas de Chambre et c'est à peine si nous avons un ministère ! Il y a comme un interrègne dans les pouvoirs, jusqu'à ce que les électeurs aient fait connaître, par leurs votes, la direction qu'ils entendent imprimer aux affaires publiques. A eux donc et à eux seuls la responsabilité de l'avenir, à eux la gloire de retirer le char de l'état de l'ornière de la contre-révolution, si profondément frayée par les doctrinaires, car il n'y aura jamais, nous en avons la ferme assurance, sympathie de la part des électeurs pour les projets liberticides de la coterie.

Tout ce qu'on peut craindre ce sont des malentendus,

et c'est par des explications franches qu'on peut parer à ce danger.

Les candidats vont entrer dans la lice : qu'on demande à chacun d'eux ce qu'il est, ce qu'il veut et par quels moyens il entend arriver au bien-être moral et matériel du pays.

Plusieurs questions toutes récentes serviront d'épreuve. Si le candidat est ancien député, qu'on lui demande s'il a ou non voté pour la loi de disjonction, s'il a ou non appuyé dans les bureaux le projet d'apanage féodal, s'il est prêt à le soutenir encore, dans le cas où on oserait le représenter à la discussion : s'il approuve ces projets informes de non-révélation et de déportation, complément mort-né de la législation de septembre.

S'il n'a pas sur tous ces points une opinion ferme et arrêtée, s'il ne dit pas énergiquement : *non* je n'ai pas voté la loi de disjonction, *non* je n'adopterai jamais des lois qui créeraient, aux dépens du pays, des priviléges à jamais détruits, ou qui aggrandiraient encore le cercle des mesures rigoureuses prises dans des temps qui ne sont plus. S'il ne s'exprime ainsi à voix haute et sans réticence, que les électeurs ne le choisissent pas pour mandataire, car il ne mérite pas leur confiance.

Ce n'est pas tout : il est des gens pour qui la politique n'est qu'un moyen, et qui feraient sans trop de gêne toutes les promesses qu'on réclamerait d'eux, sauf à agir ensuite, dans le secret du scrutin, comme il conviendrait à leurs intérêts. A l'égard de ces hommes il faut prendre à l'avance ses garanties, et exiger d'eux cet engagement :

qu'ils ne solliciteront jamais et n'accepteront jamais pour eux ou leurs proches aucune place salariée.

Il faut sans doute que l'état soit servi, mais il n'est pas nécessaire qu'il prenne ses serviteurs rétribués parmi les députés : il arrive alors de deux choses l'une, et souvent l'une et l'autre, ou que les fonctions publiques sont négligées, ou que le mandat de député n'est pas rempli. On sait d'ailleurs, et la voix publique l'a assez proclamé, combien il est dangereux d'avoir une Chambre peuplée de fonctionnaires, et quelle part est faite à l'intrigue et à la corruption, quand l'ordre exprès des électeurs n'interdit pas les fonctions publiques à leurs mandataires.

Comment serait-on économe des deniers des contribuables, quand on prend soi-même sa part au splendide festin du budget ?

Électeurs, vous avez le dépôt de la souveraineté nationale, usez en dans l'intérêt du pays, dans votre intérêt, pour son honneur, pour votre honneur ! Ne vous laissez ni intimider, ni séduire : nulle puissance ne prévaut sur la vôtre, et vous êtes les arbitres des destinées de la France. Exigez des hommes qui briguent vos suffrages, des engagemens positifs, car vous avez le droit d'imposer vos conditions, et leur devoir est de se retirer ou d'y souscrire. Songez-y : ce n'est pas la France seulement qui a l'œil sur vous, c'est l'Europe tout entière, c'est le monde civilisé, habitué à recevoir de nous une toute puissante impulsion, et qui jugera de son avenir par celui que va nous ouvrir le scrutin électoral.

J. GIRAUDEAU,
Docteur-Médecin de la
Faculté de Paris.

EXTRAIT

DE LA LOI

SUR LES ÉLECTIONS.

DES COLLÉGES ÉLECTORAUX.

43. La liste des électeurs de l'arrondissement doit rester affichée dans la salle des séances pendant le cours des opérations.

44. Le collége ou la section élit à la majorité simple le président et les scrutateurs définitifs. Le bureau ainsi formé nomme un secrétaire, qui n'a que voix consultative.

45. Le président du collége ou de la section a seul la police de l'assemblée. Nulle force armée ne peut être placée, sans sa réquisition, dans la salle des séances, ni aux abords du lieu où se tient l'assemblée. Les autorités civiles et les commandans militaires sont tenus d'obéir à ses réquisitions.

Trois membres au moins du bureau seront toujours présens.

Le bureau prononce provisoirement sur les difficultés qui s'élèvent touchant les opérations du collége ou de la section.

Toutes les réclamations sont insérées au procès-verbal, ainsi que les décisions motivées du bureau. Les pièces ou bulletins relatifs aux réclamations sont paraphés par les membres du bureau et annexés au procès-verbal.

La Chambre des députés prononce définitivement sur les réclamations.

46. Nul ne pourra être admis à voter, soit pour la formation du bureau définitif, soit pour l'élection du député, s'il n'est inscrit sur la liste affichée dans la salle et remise au président.

Toutefois le bureau sera tenu d'admettre à voter ceux qui se présenteraient munis d'un arrêt de la cour royale déclarant qu'ils font partie du collége, et ceux qui justifieraient être dans le cas prévu par l'art. 34 de la présente loi.

47. Avant de voter pour la première fois, chaque électeur prête le serment prescrit par la loi du 31 août 1830.

48. Chaque électeur, après avoir été appelé, reçoit du président un bulletin ouvert sur lequel il écrit ou fait écrire secrètement son vote par un électeur de son choix, sur une table disposée à cet effet et séparée du bureau.

Puis il remet son bulletin écrit et fermé au président qui le dépose dans la boîte destinée à cet usage.

49. La table placée devant le président et les scrutateurs sera disposée de telle sorte, que les électeurs puissent circuler alentour pendant le dépouillement du scrutin.

50. A mesure que chaque électeur déposera son bulletin, un des scrutateurs ou le secrétaire constatera ce vote en écrivant son propre nom en regard de celui du votant, sur une liste à ce destinée, et qui contiendra les noms et qualifications de tous les membres du collége ou de la section.

Chaque scrutin reste ouvert pendant six heures au moins, et est clos à trois heures du soir, et dépouillé séance tenante.

51. Lorsque la boîte du scrutin aura été ouverte et le nombre des bulletins vérifié, un des scrutateurs prendra successivement chaque bulletin, le dépliera, le remettra au président qui en fera lecture à haute voix et le passera à un autre scrutateur ; le résultat de chaque scrutin est immédiatement rendu public.

52. Immédiatement après le dépouillement, les bulletins seront brûlés en présence du collége.

53. Dans les colléges divisés en plusieurs sections, le dépouillement du scrutin se fait dans chaque section ; le résultat en est arrêté et signé par le

bureau ; il est immédiatement porté par le président de chaque section au bureau de la première section, qui fait, en présence de tous les présidens des sections, le recensement général des votes.

54. Nul n'est élu à l'un des deux premiers tours de scrutin s'il ne réunit plus du tiers des voix de la totalité des membres qui composent le collége, et plus de la moitié des suffrages exprimés.

55. Après les deux premiers tours de scrutin, si l'élection n'est point faite, le bureau proclame les noms des deux candidats qui ont obtenu le plus de suffrages ; et, au troisième tour du scrutin, les suffrages ne pourront être valablement donnés qu'à l'un de ces deux candidats

La nomination a lieu à la pluralité des votes exprimés.

56. Dans tous les cas où il y aura concours par égalité de suffrages, le plus âgé obtiendra la préférence.

57. La session de chaque collége est de dix jours au plus. Il ne peut y avoir qu'une séance et un seul scrutin par jour. La séance est levée immédiatement après le dépouillement du scrutin, sauf les décisions à porter par le bureau sur les réclamations qui lui sont présentées au sujet de ce dépouillement, et sur lesquelles il sera statué séance tenante.

58. Nul électeur ne peut se présenter armé dans un collége électoral.

BIBLIOTHEQUE ROYALE
1

www.ingramcontent.com/pod-product-compliance
Lightning Source LLC
Chambersburg PA
CBHW061612050726
47595CB00007B/2929